おいしさから学ぶ図鑑

② おいしい
カレー
ができるまで

監修
株式会社カレー総合研究所 所長／カレー大学 学長
井上岳久

Gakken

はじめに

みなさんは、「日本の国民食」と聞いて、何が浮かびますか？この質問をすると、必ずといっていいほど、つぎの3つが返ってきます。

それは、「おすし」「カレー」「ラーメン」です。

しかし、カレーとラーメンは外国から入ってきた料理で、和食の代表といわれるおすしも、そのルーツは東南アジアにあるといわれています。それでも、おすし、カレー、ラーメンが「日本の国民食」と呼ばれるのは、長い年月をかけて、日本人の食卓に根づいてきたからだといえるでしょう。

大人も子どもも大好きな「おすし」「カレー」「ラーメン」。その人気のひみつは、いったいどこにあるのでしょうか？

『おいしさから学ぶ図鑑』は、これら3大人気国民食にスポットをあて、そのおいしさのウラにかくされた、つくり手のさまざまなくふうを紹介しながら、人気のひみつを探っていきます。本の中で、これが「おいしいひみつ」といえるところには、をつけているので、参考にしてください。

みなさんも、『おいしさから学ぶ図鑑』を読んで、おすし、カレー、ラーメンがさらに好きになってくれたらうれしいです。

このマークを探してみてね！

日本人が大好きなカレーのひみつ

みなさん、カレーライスは好きですか？ 日本のカレーはインドからイギリスを経て、江戸時代の終わりごろに伝わりました。その後、「ジャパニーズカレー」として日本の中で進化し、今では世界中で親しまれています。

カレーは、日本では「国民食」と呼ばれるほど、多くの人が大好きな料理です。でも、どうして日本人はカレーが好きなのでしょうか？

ひとつめのヒントは「味覚」です。わたしたちが感じる味には、「あまい」「うまい」「すっぱい」「苦い」「しょっぱい」という5つの味がありますが、カレーにはこのすべてがふくまれています。だからカレーは、かくし味をくふうすることで「もっとあまくしたい」「さらにマイルドにしたい」など、自由に味を調整できるのです。これほど多様な味を一度に楽しめる料理はほかにあるでしょうか。

ふたつめのヒントは「豊富なバリエーション」です。明治時代に日本に広まったカレーライスは、シンプルな味でした。そこから、スープカレーや焼きカレーなど、日本独自のカレーが生まれました。「カレーをスープにしてみよう」「焼いてあつあつで食べたらどうだろう」と、いろいろなアイデアから次つぎと新しいカレーが生まれ、今も増え続けています。これほど多様に進化をとげる料理はほかにないでしょう。

カレーは調べてみるととてもおもしろい食べものです。みなさんもぜひカレーについて調べてみてください。そして新しい発見を楽しんでみましょう！

株式会社カレー総合研究所 所長／カレー大學 学長 井上 岳久

おいしさから学ぶ図鑑
❷ おいしいカレーができるまで

もくじ

はじめに………………………………………………………	2

日本人が大好きなカレーのひみつ

株式会社カレー総合研究所 所長／カレー大學 学長　井上 岳久 ………… 3

カレー屋さんをのぞいてみよう ……………… 6

カレー屋さんのおいしさのひみつ ……………… 8

カレー専門店の1日を見てみよう ………………… 8

カレーのつくり方のひみつ ……………………… 10

おいしいカレーのひみつ ………………………… 12

おいしく食べるひみつ …………………………… 14

【コラム】カレーはインドからやってきた!? ………… 15

仕入れを見てみよう ………………………… 16

おいしいカレーの材料を仕入れるひみつ …… 18

青果店のお仕事 ……………………………………… 18

精肉店のお仕事 ……………………………………… 20

精米店のお仕事 ……………………………………… 22

スパイス専門店のお仕事 ………………………… 24

カレーにはほかにもいろいろな材料が使われるよ! ……… 26

カレーに欠かせないつけもの ……………………… 27

生産者を調べてみよう ……………………… 28

おいしい野菜のひみつ ……………………… 30
ジャガイモの育て方 ……………………… 30
タマネギ・ニンジンの育て方 ……………………… 31

おいしいお肉のひみつ ……………………… 32
畜産農家のお仕事 ……………………… 32
鶏肉の種類と特徴 ……………………… 34
牛肉・ブタ肉の種類と特徴 ……………………… 35

おいしいお米のひみつ ……………………… 36
お米ができるまで ……………………… 36
お米の種類 ……………………… 37

おいしいスパイスのひみつ ……………………… 38
いろいろなスパイス ……………………… 38

日本で進化したカレー ……………………… 40
日本全国のご当地カレー ……………………… 42
日本全国のご当地レトルトカレー ……………………… 44
世界のカレー ……………………… 46

※本書に掲載されているデータや情報は、2024年11月現在のものです。

カレー屋さんの おいしさのひみつ

このカレー専門店では、毎日数種類のカレーを仕込んでいるんだって！

カレー専門店の1日を見てみよう

❶ カレーの仕込み

お店に来たら、まずカレーの仕込みをはじめます。1日に60杯ほどの注文があるので、たりなくならないように、たくさん仕込みます。

エプロンをつけて手をよく洗って、準備するよ！

❷ メニューの差しかえ

カレーの種類は毎日変わります。手書きメニューを印刷してファイルにはさみ、テーブルの上に置きます。

看板も書きなおして、開店する少し前に、お店の外に出します

❸ お店の掃除

お客さんをむかえる準備をととのえます。テーブルにお花をかざり、おしぼりやお水なども出しておきます。

❹ お米を炊く

カレーにつきもののお米は、大きな炊飯器でたくさん炊きます。**カレーに合うように、炊き方にくふうをしています。**

カレーももうすぐできあがりそう！

❺ 開店

お店と料理の準備がととのったら、いよいよ開店。雨の日でも、外でお客さまがならんで待っています。

閉店後は……

伝票の整理や、今日の売り上げの確認、明日の仕入れなど、やることはいっぱいあります。

カレー専門店の服装と道具

- 料理をするときは、エプロンをつけます
- 爪は短く切り、衛生的にととのえます
- 1日中立っているので、足が疲れない靴を選びます

中華鍋

タマネギやスパイスを炒めるときに使います

炊飯器

大きな炊飯器でたくさんのごはんを炊きます

調理道具

包丁やまな板、おたま、ヘラなどを使います

ずんどう鍋

カレーを煮こむ鍋

カレーの つくり方のひみつ

カレー専門店の カレーは、どうやって つくっているのかな？

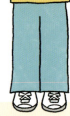

今日は かぼちゃと鶏肉の カレーだよ！

◆ カレーの材料はコレ！

カレーの材料は、お店によってちがいますが、このお店ではこんな材料を使ってつくっています。

バターナッツ かぼちゃ / ニンニク / タマネギ / ショウガ / 鶏肉 / 青トウガラシ / ホールスパイス（種などを加工せずに乾燥させたもの）/ パウダースパイス（スパイスを粉にしたもの）/ ココナッツミルク

① 材料を切る
カレーに合わせて材料を切ります。

② 鶏肉を焼く
鶏肉を先に焼いて、焼き色をつけます。

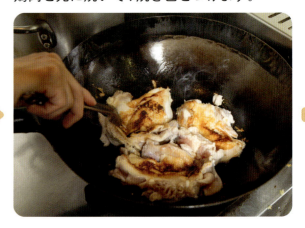

3 ホールスパイスを炒める

中華鍋に油を入れ、ニンニクやショウガ、ホールスパイスを炒めて、**香りやからみを出します。**

4 タマネギを炒める

みじん切りにしたタマネギを、茶色くなるまで炒めます。

5 鍋で煮こむ

ずんどう鍋に、炒めたタマネギやスパイス、青トウガラシ、鶏肉、かぼちゃ、水などを入れて煮こみ、最後にココナッツミルクを加えます。

おいしいひみつ：タマネギを茶色くなるまで炒めると、香りとあまみが増すよ

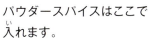

パウダースパイスはここで入れます。

できあがり！

かぼちゃのあまさがおいしいカレーだよ！

おいしいカレーのひみつ

おいしいカレーをつくるには、いくつかコツがあります。どんなふうにカレーをつくったら、おいしくなるのか、自分の好きな味を研究してみましょう！

◆市販のルーがなくても、カレーはつくれる！

スーパーなどに行けば、たくさんの市販のルーを見かけます。あらかじめ味がついていて、溶かせばすぐにカレーができるので、とても便利です。しかし、市販のルーがなくても、スパイスを調合して自分の好みの味につくることもできます。

ルーはもともと小麦粉をバターで炒めたもので、とろみをつけるために入れるんだって

◆カレーにはいろいろなかくし味がある！

カレーには、さまざまなかくし味があります。ヨーグルトやココナッツミルクは味をまろやかにすることができますし、ソースやみそ、チョコレートなどを使って、コクを出すこともあります。すりおろしたりんごやはちみつを加えると、あまみが増します。

◆骨つき肉を使うと、よりおいしくできる！

カレーに骨つき肉を使うと、骨からだしが出て、深みのある豊かな味わいになります。鶏肉なら、手羽元（34ページ）などを使い、お肉がやわらかくなるまでじっくり煮こみます。骨付きの牛肉でつくることもあります。

◆ カレーはじっくり
　手をかけながらつくること！

じっくり煮こむほどおいしくなるよね！

　カレーは、炒めているときも、煮こんでいるときも、とてもこげ付きやすいので、注意しながらつくります。とくにルウを入れたあとは、鍋の底のほうからこげてきてしまうので、全体をよくまぜて、こげ付かないように煮こみます。

知ってた？
1月22日はカレーの日！

　日本では、1月22日を「カレーの日」に制定しています。これは、1982年に全国学校栄養士協議会が、子どもたちが大好きなカレーを、全国の学校給食メニューとしてつくってほしい、と呼びかけ、全国の学校でカレーを提供した日です。

給食の一番人気は
カレーライス

　全国2000人以上の小中学生にアンケート＊をとったところ、給食でいちばん好きなメニューの第1位はカレーライスでした。回答した人の半分以上が、カレーライスが好きだと答えています。

＊ニフティKids「子どものホンネ 調査レポート」（2022年11月16日付）より

おいしく食べるひみつ

カレーを食べるときは、お皿やトッピングにも注目してみよう！もりつけ方なども、カレーをおいしくするコツのひとつなんだって

◆カレーに使われるお皿はいろいろ

インドでは、カレーを食べるときによくステンレスの食器を使います。これは、お皿にスパイスの色がうつりにくく、割れにくいためです。日本では、ごはんとカレーをいっしょにもりつけるので、丸い皿や楕円形の皿がよく使われます。

日本のカレーライスには、楕円形のお皿がよく使われる

カレーをもりつけるための「グレイビーボート」（写真手前）。イギリスが発祥とされる

インドではステンレスの食器が一般的。小さい器にいろいろな種類のカレーが入っている

◆もりつけ方次第でおいしくなる！

カレーには、さまざまなもりつけ方があります。たとえば、右の写真のように、ごはんを中央に置き、2種類のカレーを左右別々にもりつけることもあります。

2種類のカレーをいっしょにもりつけることを「あいがけ」っていうよ

◆プラスアルファのおいしさもいろいろ

カレーには福神づけをよくそえますが、ほかにも、らっきょうや野菜の酢づけなど、さまざまなものがそえられます。また、カレーに使うごはんはターメリック（38ページ）で色づけする場合もあり、香りと見た目のはなやかさも楽しむことができます。

カレーはインドからやってきた!?

カレーはインドで生まれた料理です。インドのカレーは海を渡り、イギリスなどのヨーロッパへと伝わっていきました。1747年には、イギリスの料理本にはじめてカレーが登場しました。当時のカレーは、ごはんにかけて食べるものではなく、お米と肉、スパイスをいっしょに煮こむような料理だったといわれています。

その後、イギリスでカレー粉が生まれ、日本に西洋料理として伝わってきました。

最初にカレーライスを食べた日本人として記録されているのは、山川健次郎という、16歳の少年でした。後に日本で最初の物理学教授となる山川さんは、1871年にアメリカへ留学する船の上でカレーライスを食べたといわれています（見なれない料理で食べられなかったという説あり）。

その後、カレーが急速に広まり、当時の料理本にも、ごはんといっしょに食べることや、「カリーの粉」が紹介されています。カレーは、野菜や肉が入ってバランスのよい食事であることから、日本海軍でも軍用食として食べられるようになりました。

インドのスパイス市場。たくさんのスパイスが売られている

海上自衛隊の基地がある地域では、海軍カレーが販売されている

「カレー」ってどういう意味!?

> 昔ながらの日本のカレーライスはイギリスの影響を受けていたんだよ

カレーは、インドで使われていた「カリ」という言葉（汁や具など、意味も諸説あり）がもとになっているという説や、ヒンドゥー語で「おいしいもの」を意味する「ターカリー」から来ている説などがあります。しかし、いつ、誰が名づけたかなど、本当のところは分かっていません。

おいしいカレーの材料を仕入れるひみつ

青果店のお仕事

新鮮な野菜や果物を売る青果店の仕事を見てみよう！

青果店とは？

野菜や果物を売っている専門店です。お店には、旬のものを中心に、ふだんの食事でもよく食べる定番の野菜や果物、野菜を使った加工品などがならびます。

❶ 市場で仕入れ

早朝の市場には、深夜のうちに全国からたくさんの野菜や果物が集まります。早朝にはじまる「セリ」に参加して、卸売業者から目当ての商品を買います。

日本最大の青果市場、東京都中央卸売市場大田市場には、約240種類もの野菜や果物が集まるんだって

❷ 買う野菜や果物を選ぶ

青果店で売る野菜や果物は、鮮度が大切。色やつや、重さなどを確かめて、**新鮮でおいしい野菜や果物を選んで仕入れます。**

しっかりとチェックをして、野菜や果物の食べごろを見きわめるよ

❸ 開店準備

ならべ方をくふうして、お客さんが手に取りやすいようにするよ!

仕入れた野菜は1つひとつチェックし、傷んでいるものや鮮度が落ちているものがあれば、取りのぞきます。商品に値段をつけて、売り場のたなにきれいにならべます。

商品の値段はどうやって決めるの?

同じ野菜や果物でも、天候や育つスピードによって市場に出回る数が変わり、仕入れ価格も変わります。そのため、青果店での販売価格は、毎日の仕入れ価格に応じて決められます。

❹ 開店

在庫確認や店のまわりのそうじ、レジの準備が終わったら開店します。開店後は、お客さんの対応や商品の追加、売れ筋商品の入れかえなどをします。

売れ残りはどうするの?

売れ残ってしまった野菜や果物は、翌日以降に安くして売ったり、加工食品にして売ったりして、むだが出ないようにくふうします。

❺ 閉店後

1日の売れ行きを確認。売れ残った商品を、きれいに保存したり捨てたりしながら、在庫をチェック。次の日の営業に向けて、仕入れ内容を考えます。

精肉店のお仕事

さまざまなお肉がならぶ精肉店の仕事を見てみよう！

精肉店とは？

新鮮なお肉を売っているお店です。仕入れた大きなお肉を、部位ごとに切り分けたり、細かくしたりして、わたしたちが食べやすい形で売っています。カレーで使うお肉には、牛肉、ブタ肉、鶏肉などがあります。

❶ 仕入れ業者からお肉が届く

仕入れたお肉の状態を確認。注文通りのお肉が届いているか、品質に問題がないかをしっかりチェックします。

お肉が届く前に、店内のそうじ、消毒もすませておくんだって！

❷ お肉を保管

仕入れたお肉を確認したら、冷蔵・冷凍庫へ。お肉は傷みやすいため、**適切な温度管理をして、鮮度を保ちながら保管します。**

おいしいひみつ

冷蔵・冷凍庫の温度管理や消毒など、衛生状態に細かく注意をしているよ

❸ 開店準備

お肉のカットやスライスをします。仕入れ価格や市場の相場をもとに、商品の価格を決めて値札を用意します。

> お客さんからお肉がよく見えるようにならべるんだって！

お肉はどんなふうに切るの？

かたまり肉から余分な脂身や皮、筋などをのぞいたら（トリミングといいます）、焼き肉用やステーキ用、カレー用など、食べ方に合わせて包丁や機械でカット、スライスします。

❹ 開店

お肉をならべてレジの準備ができたら、お店を開店！ 傷みやすいお肉をあつかう精肉店では、衛生管理はとても重要な仕事です。開店後も、ショーケースや売り場のたな、レジのまわり、機械、器具は、こまめにそうじと消毒をします。

お肉を使ったおかずを売ることも！

コロッケ、メンチカツ、からあげ、焼き鳥……。精肉店では、お店でお総菜をつくって売っているところもあります。ランチタイムや夕方は、お総菜がたくさん売れるので、事前に仕込みや調理をします。

❺ 販売

精肉店によっては、対面でお肉の量り売りをしています。どんなふうに料理するのか、どのくらいほしいのかをお客さんから聞いて、おすすめのお肉の種類や量を提案します。

❻ 閉店

閉店後は、1日の売れ行きを確認。在庫や売れ残りのお肉の状態をチェックし、次の日の営業に向けて仕入れ内容を考えます。

21

精米店のお仕事

お米を売ったり、精米をしたりする精米店の仕事を見てみよう!

精米店とは?

お米を精米して売るお店です。農家から、もみがらをのぞいた「玄米」が届くので、精米店では、精米(玄米からぬかや胚芽をとりのぞくこと)をして、白米にします。全国のいろいろな種類のお米をあつかい、お客さんの注文に合わせて精米歩合*を調整します。

❶ 開店前の精米準備

前日までに受けている注文や、当日来店するお客さんにそなえて、仕入れたお米から必要分を取り分け、すぐに精米できるようにします。

茶色のぬかや胚芽がついている玄米の状態で仕入れて、注文に合わせて精米するよ!

❷ 精米・ふくろづめ

つぶがそろっているか、異物がまじってないか確認したら、精米機で精米します。品種や精米歩合がわかるようにふくろに書いて、精米したお米をつめます。

精米作業は専用の機械を使うよ!毎日の点検やそうじが欠かせないそうだよ

*精米歩合:玄米の表面をけずって残った白米の割合を表したもの。

❸ 配達の準備

まとめ買いをするお客さんのもとへ、お米を配達してくれる精米店もあります。

宅配サービスのおかげでリピートして買ってくれるお客さんもいるよ

❹ 開店

お客さんから、希望の品種や精米歩合を聞きます。好みの炊き方や、合わせるおかずとの相性を考えて、最適なお米を提案します。

お米マイスターがアドバイス！

お米マイスターは、米の品質や特性をよく知るお米のプロ。産地や品種に合わせた最適な炊き方や保存方法、おいしいお米の選び方や食べ方を教えてくれます。

❺ 少量の量り売りや、精米のみの対応も

少量での量り売りや、持ちこんだ玄米を精米してくれるサービスを取り入れている精米店もあります。気になるお米を少しずつ試すこともできます。

❻ 閉店

1日の売れ行きを確認。翌日の配達分の精米準備や、足りない分のお米の発注をします。

スパイス専門店のお仕事

めずらしいスパイスがズラリ！スパイス専門店の仕事を見てみよう。

スパイス専門店とは？

スパイス（香辛料）は、植物の根やくき、実、種などを乾燥させたものです。お店には、世界中から集められたスパイスがそろっています。お客さんの注文に合わせて、数種類のスパイスをブレンドしたミックススパイスの提案や販売もしています。

❶ 開店準備①

日本では、スパイスの原料をほとんど海外から輸入しているので、専門の商社や卸売業者から買います。スパイス専門店では、料理やおかしづくりに使いやすいように、粉末にしたりミックスしたりして売っています。

種類が多く、めずらしいものも多いスパイス。在庫切れにならないよう、在庫確認はこまめに行うよ！

香りも鮮度も長もちするよう、密閉できるビンに小分けに。

少量なら、容器やふくろを使って小分けにすることもあります。

❷ 開店準備②

いつも品質を確認して、古くなったスパイスは売り場からはずすんだって

店内のスパイスが見やすく整とんされているかを確認し、お客さんが手に取りやすいようにならべます。スパイスの名前や香りの特徴、使い方、価格などの情報をまとめた値札を用意して、お客さんに興味を持ってもらえるように、たなをかざります。

おすすめのスパイスをミックス

お客さんからの注文や、お店のオリジナル商品として、いくつかのスパイスをブレンドしたミックススパイスを売っている専門店もあります。

❸ 開店

お客さんに、料理に合わせたスパイスの使い方や保存方法を伝えます。また、新しいスパイスや、めずらしい海外のスパイスを紹介することもあります。

ドリンクやおかしにも大活躍のスパイス

スパイスは、ドリンクやおかしの風味づけにも欠かせません。たとえばインドの「マサラチャイ」や、ヨーロッパで親しまれている「スパイスケーキ」には、数種類のスパイスが使われています。

❹ 閉店

在庫を確認し、不足しているスパイスがあれば、商社や卸売業者に発注します。

カレーにはほかにもいろいろな材料が使われるよ！

◆シーフードカレー

新鮮な海の幸をふんだんに使ったカレー。魚や貝などのうまみとスパイシーなカレーがマッチ！

ホタテ
あまみのある味わいと、ぷりぷりの食感が特徴の貝です。うまみが濃厚で、カレーなどの煮こみ料理にぴったりです。

エビ
あまみと歯ごたえがもち味で、さまざまな料理に合う食材です。カレーに入れるなら、「ブラックタイガー」や「バナメイエビ」がいいでしょう。

イカ
かむほどにうまみを感じます。カレーの具材に使う場合は、火を通しすぎないのがコツ。短時間でサッと加熱すると、身がやわらかく仕上がります。

◆豆カレー

栄養たっぷりのヘルシーなカレー。豆のホクホクした食感とやさしい味わいがカレーによく合います。

ムング豆
小つぶで緑色をした豆。緑豆とも呼ばれ、アジア各国でカレーやスープの具材としてよく使われます。

レンズ豆
小さくて平たく、めずらしい形をしています。短時間でやわらかくなるため、手軽に料理に使えます。

ひよこ豆
ホクホクした食感と、あまくてクセのない味で食べやすい豆です。カレーやサラダなどいろいろな料理に使われます。

牛乳やヨーグルトをカレーに加えることも

カレーに牛乳やヨーグルトを加えると、味がまろやかになり、からさがおさえられてコクが増します。牛乳だとクリーミーでやさしい風味に、ヨーグルトだとさっぱりしたあと味になります。

カレーに欠かせないつけもの

◆ 福神づけ

つけものは、古くから日本で親しまれてきた保存食の1つです。福神づけは、ダイコンやナス、レンコンなどの野菜をしょうゆや砂糖、みりんなどでつけこんだもの。カレーのスパイシーな味わいを、福神づけの**あまみとシャキシャキした食感がやわらげてくれます。**

◆ ラッキョウのあま酢づけ

カレーの付け合わせとして人気のつけもの。ラッキョウを砂糖、酢、みりんでつけこんでいます。**シャキシャキとした歯ごたえと、独特のからみやあま酢っぱさ**が楽しめます。

◆ ピクルス

野菜を酢や塩、スパイスなどとともにつけてつくります。**さわやかな酸味が特徴**で、あざやかな色味で料理にいろどりをそえます。

◆ アチャール

インドの一部の地方や南アジアで親しまれるピクルスの一種で、野菜や果物をスパイスと酢、オイルなどでつけこんでつくります。日本ではタマネギを使うのが一般的です。

トッピングもいろいろ

ゆでたまご
カレーのスパイシーな風味とゆでたまごのまろやかな味わいは相性ばつぐん。

チーズ
チーズのまろやかさが、カレーのからさをやわらげ、コクのあるリッチな味わいになります。

とんかつ
サクサクした衣と肉のジューシーさが、スパイシーなカレーとよく合います。

ソーセージ
ジューシーでうまみたっぷりで、**ボリュームも満足感もアップします。**

おいしい野菜のひみつ

カレーに使われている野菜は、どうやって育てているか知っているかな？野菜が大きく育つようすを見てみよう

ジャガイモの育て方

	植えつけ	種となるイモを土にうめます。
25日〜30日	出芽	イモから芽が出てきたら、大きめの芽だけ残して、ほかの芽をつみ取ります。ジャガイモが外に出ないように、土を集めてしっかりかぶせます。
50日〜100日	肥大期〜生育最大期	雑草を取りのぞいたり、虫がつかないように防虫剤をまいたりします。
130日	収穫	葉が半分以上枯れたら、収穫します。収穫したばかりのジャガイモはホクホクした食感

ジャガイモの葉はこんな形

◆ **ジャガイモの品種** ジャガイモの品種はたくさんあります。

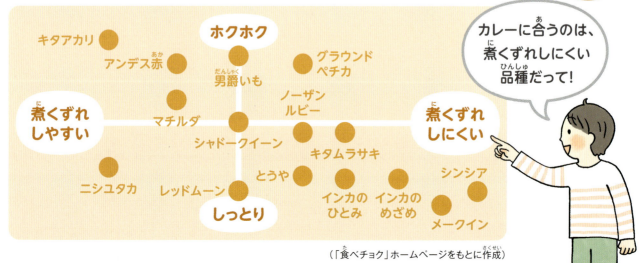

カレーに合うのは、煮くずれしにくい品種だって！

（「食べチョク」ホームページをもとに作成）

タマネギ・ニンジンの育て方

タマネギやニンジンがきらいな子でも、カレーに入るとおいしいから食べてみてね！

◆タマネギ

タマネギは、収穫してからの保存期間が長い野菜のひとつ。
収穫してからすぐ売られる白い新タマネギと、貯蔵して皮が茶色くなったタマネギがあります。

❶種まき

種を土にまき、苗をつくります。芽が出るまでにだいたい1週間くらいかかります。

❷球肥大期

肥料を与え、タマネギを大きく育てます。雨が多いと病気になりやすいので、葉が病気になっていないかよく確認します。

❸収穫

晴れの日を見計らって収穫します。**収穫してすぐのタマネギは、みずみずしくてあまみがあります。**

🄢 おいしいひみつ

収穫したタマネギは、1〜2日天日干しにしたあと、貯蔵庫などで保管すると、長持ちするんだって！

◆ニンジンの育て方

カレーには、「五寸」などの西洋ニンジンがよく使われます。
葉もおいしいので、ふりかけや天ぷらにして食べることができます。

❶種まき

種をまいてから10日くらいで発芽します。暑くても寒くても発芽しにくく、発芽がもっともむずかしいポイントです。

❷肥大期

ニンジンは、まず根が長く伸び、本葉が10枚ほどになると、そこから根の部分が大きく育っていきます。

❸収穫

収穫が近づいたら、水やりをひかえめにします。雨の日が多いと割れてしまうこともあります。

31

おいしいお肉のひみつ

畜産農家のお仕事

牛肉、ブタ肉、鶏肉などの食用肉を育てる農家さんの仕事を見てみよう！

◆養鶏農家の仕事

エサやり
たまごからかえったばかりのヒヨコからエサをやりはじめ、おとなになるまで、ここで育てます。すべてのヒヨコが平等にエサを食べられるよう、1羽1羽のようすを見ながら、エサやりをします。

温度管理など
鶏舎の中に、もみがらやおがくずなどをしき、ふかふかのベッドのようにととのえます。暖かく過ごせるようにヒーターを入れます。

ニワトリのフンは、乾燥させると肥料になるよ！

出荷
食肉用のニワトリは、50日ほどで出荷できるサイズ（およそ3kg）に成長します。出荷されたニワトリは、食肉センターで部位ごとに切り分けられ、スーパーや精肉店にならびます。

◆肉用牛農家の仕事

健康状態のチェック
牛舎を見回りながら、健康状態をチェックするところから1日がはじまります。エサの食べ残しがないか、フンの状態が正常か、呼吸の仕方や機嫌なども見ながら、エサやりの準備とそうじをします。

ウシには4つの胃袋があって、一度食べたエサを口の中に戻してもう一度よくかみ、すりつぶして消化するんだって

エサやり
ウシは、1日に2〜4回に分けて、エサを食べます。牧草や稲わらと、トウモロコシの実、麦などのほか、栄養をおぎなうため、サプリメントを与えることもあります。どのウシがどれくらい食べているかも確認します。

◆養豚農家の仕事

ブタは、ストレスや暑さに弱いので、こまめに換気したり温度管理したりするんだよ

衛生管理
ブタはとてもデリケートな動物なので、感染症を防ぐことがもっとも大切です。高圧洗浄機などを使ってそうじし、定期的に消毒をしたり、子ブタにはワクチンを打ったりして、感染症を防ぎます。

33

鶏肉の種類と特徴

鶏肉は、部位ごとに分けて売られています。食べたことがある部位を探してみましょう

- **手羽先**：腕から羽根の先までの部位
- **手羽元**：手羽先とムネ肉をつなぐ部位
- **ムネ**：羽根の付け根から肩にかけての胸部の肉
- **ササミ**
- **モモ**：太ももにあたる部位。ジューシーでコクがあり、カレーによく使われる
- **なんこつ**：ムネ肉の先端にあるやわらかい骨のこと

モモ

おいしいひみつ 脂がのっていて、ジューシーで、味わい深く、プリっとした歯ごたえで人気のある部位

ムネ

やわらかく、脂肪が少ないが、**うまみ成分がしっかりあり**、味わい深い部位。低カロリーで人気がある

手羽元

ウイングスティックともよばれ、**やわらかくて弾力のある部位**。手羽先よりも**脂肪が少なく、あっさりした味わい**

はじめてのカレーには、カエルの肉が入っていた!?

いったいどんな味のカレーだったんだろう？

日本ではじめてカレーのレシピが紹介されたのは、1872年（明治5年）です。『西洋料理指南』という料理の本に、細かく切った長ネギやショウガなどをバターで炒め、鶏肉、鯛、エビ、赤ガエルなどを入れて煮こむと書かれています。当時の日本では、ウシやブタを食べる習慣がなく、海鮮が多く使われていました。カエルの肉を使った理由には、いろいろな説があります。

牛肉・ブタ肉の種類と特徴

◆牛肉とカレーの歴史

　明治維新前の江戸時代、日本では肉食が禁止されていました。その後、カレーのレシピが出版されたのと同じ1872年(明治5年)に、明治天皇がはじめて牛肉を食べたとされ、肉食文化とカレーという新しい食べものが、少しずつ受け入れられるようになりました。

　牛肉の食べ方があまり知られていなかった時代、「牛肉をカレーに入れて食べる」という食文化が広まっていったのです。

モモ

脂肪分が少ない赤身肉で、やわらかいのが特徴です。ビーフカツレツやローストビーフにするときによく使われ、カレーとも相性のよい部位

スネ

ウシのふくらはぎのあたりの部位。かたくて脂肪分が少なく、筋の多い部位だが、煮こむとやわらかくなり、カレーにも向いている

◆ブタ肉とカレーの歴史

　明治時代になると、食肉が解禁され、大正時代にはブタ肉料理がポピュラーになりました。

　関東で養豚がさかんに行われていたため、「関東はブタ肉、関西は牛肉」を使うことが定番となり、今でも関東ではカレーにブタ肉を使う人が多いという調査結果があります*。

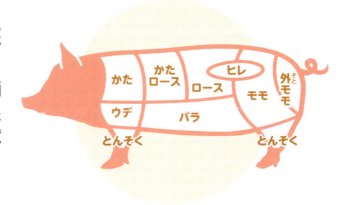

かたロース

脂肪と赤身のバランスがよく、うまみの多い部位。やわらかいのが特徴で、カレーやショウガ焼きにも使われる

モモ

ブタのお尻のほうにある部位。よく動くので、筋肉が多く、脂肪が少ないのが特徴。あっさりした味わいできめ細かく、ハムなどにも使われる

*2020年度版「日本全国カレー白書」(ハウス食品)より

おいしいお米のひみつ

お米ができるまで

お米の収穫はおもに1年に一度。秋に収穫したら玄米の状態で保管して、少しずつ使っていきます

❶ 田おこし
収穫を終えて春をむかえた田んぼの土をほり返し、土をおこします。肥料をまくこともあります。

❷ しろかき
田んぼに水をはり、土をよくまぜてやわらかくします。去年収穫したときの根を取りのぞいたり、土のかたまりをくだいたりします。

❸ 苗づくり
冬に種をまき、苗を育てていきます。苗のよしあしが、お米づくりの決め手になります。

❹ 田植え
苗を田んぼに植えます。しっかり根をはり、雨や強い風に負けないように育てていきます。

❺ 草かり
苗に栄養がいきわたり、成長の邪魔にならないように、苗のまわりにはえた草をかります。

❻ 収穫
金色の穂が実ったら、いよいよ収穫。1本の稲から70粒ほどのお米をとることができます。

❼ はざかけ
収穫した稲を太陽の光に当てて干し、乾燥させます。

お米の種類

◆ 日本のおもなお米の種類（銘柄）

- 秋田県　あきたこまち
- 山形県　つや姫
- 北海道　ゆめぴりか
- 新潟県　コシヒカリ
- 岩手県　銀河のしずく
- 富山県　富富富
- 福島県　ひとめぼれ
- 石川県　ひゃくまん穀
- 滋賀県　日本晴
- 福岡県　つやおとめ
- 奈良県　ヒノヒカリ

お米にはいろいろな種類があるよね。外国では、日本とはちがったお米をつくっていて、味や食感もちがうんだって

◆ 世界にもお米がいっぱい！

日本でよく食べるお米は、「ジャポニカ米」という種類だよ

インディカ米

世界一の生産量があり、インドやタイなど暖かい気候の国で育てられています。パラパラとした口当たりで、ピラフなどにも向いています。

ジャバニカ米（熱帯ジャポニカ米）

アジアの熱帯高地やブラジル、イタリアなどで栽培しています。ジャポニカ米やインディカ米とくらべて生産量が少なく、幅が広くて大粒なのが特徴です。

おいしいスパイスのひみつ

いろいろなスパイス

カレーには、たくさんの種類のスパイスが入っているんだって。どんなものがあるのか見てみよう！

◆カレーの中心となるスパイスとは？

カレーをつくるには、スパイスが必要です。スパイスとは、香りやからみなどを持った植物の実や種などで、粉状にして使うこともあります。カレーには、いくつかのスパイスを組み合わせて使います。

クミンシード
セリ科。スパイスに使うのは種の部分で、カレーの香りの中心となっている

コリアンダーシード
セリ科。葉はパクチーという名前でも知られている。種を乾燥させて使う

ターメリック
ショウガ科。ウコンとも呼ぶ。インド原産で、黄色に着色するために使う

スパイスにはそれぞれに特徴があって、香りを出すスパイス、からみを出すスパイス、色を出すスパイスがあります

カルダモン
ショウガ科。実を割った中の種を粉状にして使う。すっとしたさわやかな香り

カイエンペッパー
ナス科。赤トウガラシを乾燥させたもの。からいだけでなく、うまみと香りのあるスパイス

◆香りを出すスパイス

キャラウェイシード
あまく、すっとしたさわやかな香り

クローブ
スパイシーで刺激的な香り

シナモン
あまくてさわやかな香り。ニッキとも呼ぶ

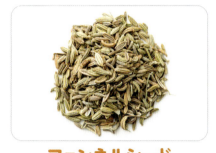
フェンネルシード
あまくスパイシーでにがみのある香り

ナツメグ
シナモンに似た、あまい香り

スターアニス
上品であまく、薬のような香り

◆からみを出すスパイス

ショウガ
さわやかでピリッとしたからさ

コショウ
鼻を刺す刺激的なからさ

マスタードシード
やわらかく、強すぎないからさ

◆色づけのためのスパイス

サフラン
水にひたすと黄色い色が出る

クチナシ
果実を煮ると黄色く色づく

パプリカ
うまみがあり、あざやかな赤色

「パプリカを粉にして使うってはじめて知った！」

日本で進化したカレー

日本にカレーが伝わったのは、明治時代。カレーはインド発祥ですが、イギリス人によってアレンジされたものが日本に伝わり、そこからさらに日本独自の進化をとげています。日本で進化したカレーを見ていきましょう。

カレーうどん

明治時代に生まれた、カレー味のだし汁で食べるうどん。誰が発明したかについては、いろいろな説があります。濃厚なカレー味のつゆと、うどんの相性はばつぐんです。

カレー南蛮そば

カレー味のだし汁で食べる温かいそば。「南蛮」とは長ネギのことで、長ネギが入っているのが特徴です。明治時代に、大阪のおそば屋さんがはじめたといわれています（諸説あり）。今もさまざまなおそば屋さんで、カレー南蛮を食べることができます。

カレーパン

ごはんにかけるより濃厚につくったカレーをパン生地で包み、まわりに衣をつけて揚げたもの。昭和初期、東京にあるパン屋さんが発案したといわれていて、日本のオリジナル料理です。

カレー丼

カレーライスとちがって、カレーうどんやカレー南蛮の汁をごはんにかけたもの。和風だしの香りと長ネギが入っているのが特徴です。おそば屋さんでよく見かけます。

ドライカレー

ひき肉とみじん切りの野菜を炒めてつくったカレーのこと。水分が少ないのが特徴で、ごはんをまぜてチャーハンのようにするタイプと、水分の少ないカレーをごはんにかけるキーマカレータイプがあります。キーマカレータイプのドライカレーは、明治時代に、「三島丸」という大型船の料理人が生み出したといわれています。

チャーハンタイプ　　**キーマカレータイプ**

カレーラーメン

文字通りカレー味のラーメンです。鶏ガラなどを使ったラーメンスープに、カレー粉で味をつけています。北海道が発祥といわれていますが、いろいろな説があります。

カツカレー

カレーライスにとんかつをのせた料理です。東京・銀座の洋食屋さんが発祥という説が有力ですが、東京の浅草や新宿の洋食屋さんという説もあります。とんかつのほかに、千切りのキャベツをのせることもあります。現在はとんかつだけでなく、コロッケやエビフライなどのいろいろなあげ物をカレーにのせて食べます。

日本全国のご当地カレー

カレーは、日本中で愛されている食べもの。日本の中でも、カレー味の食べものがたくさん生まれ、さまざまな進化をとげています。みなさんが食べたことがあるメニューはあるでしょうか？　旅行したときなどに食べてみるのもいいですね。

札幌スープカレー （北海道）

北海道札幌市にある喫茶店の店主がはじめたといわれ、北海道の郷土料理として人気に火がつきました。スープじたてのカレーソースに、骨付きの鶏肉や大きめに切った野菜が入っています。

写真提供：札幌観光協会

金沢カレー （石川県）

石川県金沢市のカレー専門店でつくられているカレーライスで、発祥は金沢にあるレストランといわれています。カレーの上にのせたカツと、上にかけるソースが特徴です。ルーは濃厚でドロリとしています。

門司港焼きカレー （福岡県）

九州の北端にある、福岡県北九州市の門司港で発展したメニューといわれています。あつあつのごはんにカレーやチーズ、たまごをのせて焼き、いわばカレー風ドリアのような料理です。

よこすか海軍カレー (神奈川県)

神奈川県横須賀市内でつくられているご当地カレーです。明治時代に日本海軍でつくられていた軍隊食のレシピ本『海軍割烹術参考書』(1908年)のつくり方を復元した味で、牛乳とサラダがセットになっているのが特徴です。

写真提供：横須賀メディアライブラリ

大阪まぜカレー (大阪府)

大阪で生まれた食べ方で、大阪出身の小説家・織田作之助の小説『夫婦善哉』にも登場します。ルーがまざったごはんのまん中にたまごがのっていて、ウスターソースをかけて、まぜながら食べます。とろりとしたたまごで、まろやかな味になったカレーがおいしい一品です。

名古屋カレーうどん (愛知県)

鶏ガラをベースにしたスープに、何種類ものスパイスをブレンドして加え、うどんを入れたもの。小麦粉でとろみを付けた濃厚なスープが特徴。太いめんを使うことが多いようです。

写真提供：名古屋観光コンベンションビューロー

日本全国のご当地レトルトカレー

スーパーなどに行くと、たくさんのレトルトカレーが売られています。レトルトカレーは、1968年（昭和43年）に発売が開始された「ボンカレー」が最初とされています。現在では、日本全国でその地域独自のレトルトカレーが販売されています。

北海道コーンたっぷりカレー（北海道）

日本のトウモロコシの約4割が、北海道でつくられています。北海道産の甘いトウモロコシの歯ごたえが楽しめるカレーです。

ゴロッと玉ねぎと骨付きチキンのスープカレー（北海道）

北海道で生まれたスープカレーは、骨付き肉を使うのが一般的。タマネギがゴロッと丸ごと1個入っているカレーです。

米沢牛ビーフカレー（山形県）

日本有数のブランド和牛・米沢牛を使ったカレー。米沢牛は、山形県の置賜地域で飼育された黒毛和牛です。

メカジキカレー（宮城県）

宮城県の気仙沼は、メカジキの水あげ量日本一の漁港です。そんな気仙沼のメカジキが入ったカレーです。

深谷ねぎのポークカレー（埼玉県）

埼玉県深谷地域で栽培されたネギを主役にしたポークカレー。利根川と荒川にかこまれ、水が豊かで肥えた土地は、ネギの栽培に向いています。

亀屋伽哩 落花生（千葉県）

千葉県は、落花生（ピーナッツ）の生産量が日本一。ピーナッツが入ったカレーは、まろやかでコクがあります。

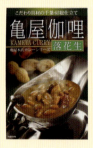

信州飯山 野沢菜キーマカレー（長野県）

長野県の名産・野沢菜のつけものが入ったキーマカレー。かくし味に信州みそも入っています。

赤い富士山カレー（山梨県）

夏から秋にかけての早朝、富士山に太陽が当たって、赤く染まって見える「赤富士」をイメージした赤いカレーです。

淡路島玉ねぎカレー（兵庫県）

淡路島のタマネギはあまくてやわらか。タマネギのあまみが凝縮された味が特徴のカレーです。

極厚 松阪牛カレー（三重県）

三重県がほこる日本三大和牛のひとつで、やわらかい肉質ときめ細かなしもふりが人気の松阪牛を使ったカレーです。

鳥取和牛ドラゴンカレー（鳥取県）

2017年に和牛の品評会で肉質日本一にかがやいた鳥取和牛を使ったカレー。ドラゴンフルーツをかくし味に使ったあまみが特徴です。

世羅高校カレー（広島県）

広島県にある世羅高原のナシ畑で育ったナシを使って、世羅高校の農業経営科の生徒が開発したカレーです。

高知県産生姜のカレー（高知県）

ショウガ生産量が全国1位の高知県は温暖で、ショウガの生産に適しています。カレーには角切りにしたショウガが入っています。

オリーブ牛キーマカレー（香川県）

香川県産オリーブからオイルをしぼったあとの果実を食べさせて育てた「オリーブ牛」を使った、香川名産のカレーです。

玉名立願寺きのこカレー（熊本県）

鶏の骨をじっくり煮こんだスープをベースに、熊本県産のトマトや数種類のきのこをたっぷり入れてつくったカレーです。

らふてーカレー（沖縄県）

「らふてー」は、皮付きのブタ肉を煮こんだ沖縄の伝統料理。らふてーが入ったカレーです。

世界のカレー

カレーはもともと、インドで生まれた食べものです。インドからイギリスに伝わり、日本にはイギリスから伝わってきました。その後、カレーは世界中に広まって発展し、今も世界のさまざまなところでカレーが食べられています。

北インド　バターチキンカレー

北インドのカレーは、乳製品やナッツが入るのが特徴です。バターチキンカレーは、生クリームとバター、トマトを使い、あまみが強くこってりと濃厚な味で日本でも人気があります。パンのような「ナン」といっしょに食べます。

タイ　グリーンカレー

グリーンカレーは、スープが緑色をしているので、その名がつきました。タイでは「緑色のあまい汁物」という意味の「ゲーンキャオワーン」と呼ばれています。ココナッツミルクのあまみと、香辛料や青トウガラシのからさがマッチする味です。

スリランカ　ストリングホッパー

米粉でつくった生地を機械で細く押し出して蒸した、やわらかいそうめんのようなめんを、カレーなどとまぜて食べる料理です。

ネパール　ダルバート

日本でいう定食のようなもので、ダルは豆、バートはごはんを意味します。豆のスープやカレー、ごはん、副菜がセットになっていて、伝統的なネパール料理です。

赤い富士山カレー （山梨県）

夏から秋にかけての早朝、富士山に太陽が当たって、赤く染まって見える「赤富士」をイメージした赤いカレーです。

淡路島玉ねぎカレー （兵庫県）

淡路島のタマネギはあまくてやわらか。タマネギのあまみが凝縮された味が特徴のカレーです。

極厚 松阪牛カレー （三重県）

三重県がほこる日本三大和牛のひとつで、やわらかい肉質ときめ細かなしもふりが人気の松阪牛を使ったカレーです。

鳥取和牛ドラゴンカレー （鳥取県）

2017年に和牛の品評会で肉質日本一にかがやいた鳥取和牛を使ったカレー。ドラゴンフルーツをかくし味に使ったあまみが特徴です。

世羅高校カレー （広島県）

広島県にある世羅高原のナシ畑で育ったナシを使って、世羅高校の農業経営科の生徒が開発したカレーです。

高知県産生姜のカレー （高知県）

ショウガ生産量が全国1位の高知県は温暖で、ショウガの生産に適しています。カレーには角切りにしたショウガが入っています。

オリーブ牛キーマカレー （香川県）

香川県産オリーブからオイルをしぼったあとの果実を食べさせて育てた「オリーブ牛」を使った、香川名産のカレーです。

玉名立願寺きのこカレー （熊本県）

鶏の骨をじっくり煮こんだスープをベースに、熊本県産のトマトや数種類のきのこをたっぷり入れてつくったカレーです。

らふてーカレー （沖縄県）

「らふてー」は、皮付きのブタ肉を煮こんだ沖縄の伝統料理。らふてーが入ったカレーです。

世界のカレー

カレーはもともと、インドで生まれた食べものです。インドからイギリスに伝わり、日本にはイギリスから伝わってきました。その後、カレーは世界中に広まって発展し、今も世界のさまざまなところでカレーが食べられています。

北インド　バターチキンカレー

北インドのカレーは、乳製品やナッツが入るのが特徴です。バターチキンカレーは、生クリームとバター、トマトを使い、あまみが強くこってりと濃厚な味で日本でも人気があります。パンのような「ナン」といっしょに食べます。

タイ　グリーンカレー

グリーンカレーは、スープが緑色をしているので、その名がつきました。タイでは「緑色のあまい汁物」という意味の「ゲーンキャオワーン」と呼ばれています。ココナッツミルクのあまみと、香辛料や青トウガラシのからさがマッチする味です。

スリランカ　ストリングホッパー

米粉でつくった生地を機械で細く押し出して蒸した、やわらかいそうめんのようなめんを、カレーなどとまぜて食べる料理です。

ネパール　ダルバート

日本でいう定食のようなもので、ダルは豆、バートはごはんを意味します。豆のスープやカレー、ごはん、副菜がセットになっていて、伝統的なネパール料理です。

マレーシア　フィッシュヘッドカレー

タイやサケなどの大きな魚の頭を、さまざまな野菜といっしょに煮こんだカレーです。もともとは、いらなくなった魚の頭を利用するためにつくられた料理だったといわれています。マレーシアの定番メニューですが、シンガポールでもよく食べられています。

パキスタン　ムルギカレー

「ムルギ」はヒンドゥー語で「鶏肉」という意味。パキスタンのカレーは、肉や豆をたっぷり使うのが特徴です。ちなみに、パキスタンは多くの人がイスラム教徒で、ブタ肉は食べません。

インドネシア　ソトアヤム

インドネシア語でソトは「スープ」、アヤムは「鶏肉」のこと。スパイスを使った鶏肉のスープで、スープカレーに似ています。ゆでたまごや野菜がたくさん入り、お米といっしょに食べるのが現地の食べ方ですが、春雨が入ることもあります。

シンガポール　ラクサ

香辛料がきいた酸味のあるカレー味のスープにめんが入っています。魚介のだしとココナッツミルクのクリーミーな味付け。シンガポールでは屋台で食べることもできます。ラクサはサンスクリット語で「多くの」という意味があり、その通りたくさんの種類があります。

カンボジア　アモック

伝統的なカンボジア料理で、ココナッツミルクベースのカレースープに、白身魚などの具材をからめて、たまごでとじた料理です。バナナの葉などを容器にして、むし焼きにします。

ミャンマー　ウェッターヒン

ブタ肉にターメリックと塩などをまぶし、スパイスで煮こんだカレーです。ウェッターはミャンマー語で「ブタ肉」、ヒンは「煮る」という意味。ミャンマーは、インドや中国、ラオス、タイととなり合わせの国が多く、さまざまな文化の影響を受けています。

NDC596　特別堅牢製本図書

おいしさから学ぶ図鑑
❷おいしいカレーができるまで

Gakken　2025　48P　28.6cm
ISBN 978-4-05-501462-5　C8360

監修者
井上 岳久（株式会社カレー総合研究所 所長、カレー大學 学長）
カレー業界を牽引する業界の第一人者。横濱カレーミュージア
ム・プロデューサーを経て2006年に独立。日本全国のカレー店
8,000店舗以上を制覇し、レトルトカレーは約7,000種類以上
を収集し、カレーを知り尽くしている。著書に、『親子で楽しむお
とう飯カレー』（徳間書店）、『Oneスパイスからはじめる 超本
格スパイスカレー』（技術評論社）、『カレーの世界史』（SBビジ
ュアル新書）等多数。

参考資料
『おいしいごはんができるまで3 野菜から そだてるカレー』真
木文絵 文、石倉ヒロユキ 写真・絵（偕成社）
『関野吉晴ゼミ カレーライスを一から作る』前田亜紀 著（ポプ
ラ社）
『芝浦屠場千夜一夜』山脇史子 著（青月社）
（ホームページ）株式会社神奈川食肉センター、エスビー食品
株式会社、ハウス食品グループ本社株式会社、一般財団法人日
本米穀商連合会

取材協力
and CURRY

写真提供
PIXTA、Adobe Stock

STAFF
制作協力　　株式会社ワード
取材・執筆　吉川愛歩
校正協力　　能塚泰秋
撮影　　　　川上尚見
表紙デザイン　沢田幸平（happeace）
表紙イラスト　FUJIKO
本文デザイン　シラキハラメグミ
本文イラスト　てらいまき
企画・編集　　樋口亨

2025年2月18日　第1刷発行

発行人　　川畑勝
編集人　　志村俊幸
編集担当　樋口亨

発行所　　株式会社Gakken
　　　　　〒141-8416
　　　　　東京都品川区西五反田2-11-8
印刷所　　共同印刷株式会社

この本に関する各種お問い合わせ先
● 本の内容については、
　下記サイトのお問い合わせフォームよりお願いします。
　https://www.corp-gakken.co.jp/contact/
● 在庫については
　Tel 03-6431-1197（販売部）
● 不良品（落丁、乱丁）については
　Tel 0570-000577
　学研業務センター
　〒354-0045 埼玉県入間郡三芳町上富279-1
● 上記以外のお問い合わせは
　Tel 0570-056-710（学研グループ総合案内）

©Gakken

本書の無断転載、複製、複写（コピー）、翻訳を禁じます。
本書を代行業者等の第三者に依頼してスキャンやデジタル化することは、
たとえ個人や家庭内の利用であっても、著作権法上、認められておりません。
複写（コピー）をご希望の場合は、下記までご連絡ください。
日本複製権センター　https://jrrc.or.jp/
E-mail:jrrc_info@jrrc.or.jp
Ⓡ〈日本複製権センター委託出版物〉

学研グループの書籍・雑誌についての新刊情報・詳細情報は、下記をご覧ください。
学研出版サイト　https://hon.gakken.jp/

おいしさから学ぶ図鑑

〔各巻紹介〕

①
おいしい
おすし
ができるまで

②
おいしい
カレー
ができるまで

③
おいしい
ラーメン
ができるまで